栗原心平の
とっておき「パパごはん」

栗原心平

講談社

はじめに

この本を作った理由

男が料理をすることも
僕たち世代ではもう普通のことだと思うけど、
それでも「キッチンは奥さんの聖域」という家は
けっこう多いのかもしれません。

独身時代に少しは料理をしていた人でも
たまに家のキッチンで何か作ってみようとすると
奥さんの「散らかさないで」というプレッシャーが
かかるからやめておく、とかね。

それに子供が産まれる頃になると
自分も毎日の仕事で精一杯になってきて
料理どころか、ふだん子供の世話なんかは、
完全に奥さんまかせになってしまいがち。

僕のところも子供がいるから少しはわかるけど、
小さい子供は予測不能の台風みたいな存在で、
そばにいると四六時中本当に目が離せない。
「たまに」なら面白いんだけど、
ずっと付き合っていると体力的にも精神的にも
けっこうたいへんですよね。

だからときどき、奥さんを「子育て」と「キッチン」から
少しだけ解放してあげることができたら
もっと家族のために頑張ろうっていう
新鮮な気持ちになってくれるんじゃないだろうか。
そういうことも、
父親として家族を支える力になるんじゃないか
と考えて
料理が初めての男性でも、子供と一緒に
楽しんで挑戦できるレシピ本を作ってみました。

もちろん、それぞれ無理じゃない範囲でやればOK。
この本が、「パパごはんの日」を
月に一回でも実行してみるきっかけになったら
料理家として、また、ひとりの父親として
この上なくうれしく思います。

2017年　春

栗原心平

パパが休日に料理をすると こんな良いことがある!

ママが休める

一日外出したり、ゆっくり好きなことをしたり、溜まった仕事を思う存分集中して片づけたりして、リフレッシュできる。

ママがニコニコする

子供と一緒に作れる

子供はみんな料理が大好き。パパがそばについて刃物や火の安全な扱い方を教えるのも、ふだん忙しいママにはできにくいことだから、パパらしい食育に。

子供が喜ぶ

「パパの料理」は家族の記憶に残る

パパがごはんを作るのは「たまに」、だから「特別」の思い出になる。子供の頃父親が作ってくれた特別なひと皿は大人になっても意外とずっと覚えている。

家族の絆が強くなる

INDEX

はじめに ……………………………………………………………… 3

ここでおいしさに差がつく
1 道具について ……………………………………………… 8
2 米を炊く …………………………………………………… 10
3 野菜を切る ………………………………………………… 12
パパ料理がうまくいく パパのための3ヵ条 ……………… 16

第1章
メインになる10皿

みんな大好き！本格派の **ハンバーグ** ……………………… 18
中華食堂みたいな **チャーハン** ……………………………… 22
コクとうまみの **ポークカレー** ……………………………… 26
洋食屋のビッグな **オムライス** ……………………………… 30
屋台のあつあつ **焼きうどん** ………………………………… 34
懐かしの喫茶店風 **ナポリタン** ……………………………… 38
肉汁たっぷり **パパ餃子** ……………………………………… 42

心平父親仕込みの **ステーキ丼** ……… 46

ご飯が何杯でも進む **豚と大根の角煮** ……… 50

難しくない魚料理 **かじきの照り焼き** ……… 54

パパ料理がうまくいく ママのための3ヵ条 ……… 58

第2章
サイドディッシュの10皿

サラダ① **ポテトサラダ** ……… 60

サラダ② **ツナカレーマカロニ** ……… 62

サラダ③ **春雨サラダ** ……… 64

サラダ④ **トマトしそサラダ** ……… 66

惣菜① **ひじきのごま煮** ……… 68

惣菜② **きのこのおかか和え** ……… 70

惣菜③ **なすとズッキーニのめんつゆソテー** ……… 72

つまみ① **れんこんのきんぴら** ……… 74

つまみ② **たぬき奴** ……… 76

汁物 **豚汁** ……… 78

■この本の決まり
・材料の欄に書いてある「カップ1」は200㎖、「大さじ1」は15㎖、「小さじ1」は5㎖です。
・野菜類は洗って水分をふき取ってからの手順が書いてあります。
・調味料は特に表記がない場合、小売店やスーパーで購入できるものを使っています。

ここでおいしさに差がつく

1 道具について

ほとんどの調理道具がすでに揃っているキッチンで、でも自分のために何かひとつ手に入れるならパパ専用の鍋かフライパンがオススメ。僕が実際に使っている扱いやすい道具、この本の料理にも使っているパパらしい仕上がりになる道具を紹介します。

最初に買うならコレ！ 深めのフライパン

最初に何かひとつだけを買うなら、このくらい深めのフライパンをおすすめします。焼く、炒めるはもちろん、ゆでる、煮込むまでオールマイティに使えて、とても便利。これは軽くて深さがあるから大胆に混ぜてもこぼれにくく、初めて使うのに最適。特にチャーハンをパラッと仕上げるには必須です。この本でもいちばん使用頻度が高くP22のチャーハン、P34の焼きうどん、P38のナポリタン、P54のかじきの照り焼き、P78の豚汁と大活躍。P64では春雨をゆでる鍋としても使用しています。

写真は
深型フライパン28cm　ネイビー
（直径29.6cm×深さ8.5cm　材質：フッ素樹脂加工／ゆとりの空間）

料理が楽しくなり始めたら 35cmほどの万能包丁

料理をレベルアップをしたくなってきたら自分専用の包丁を手に入れると、料理に向かう気合がガラッと変わりますよ。刃物と火を大胆に使いこなすパパは家族からも絶対かっこよく見えるはず。男が最初に買うなら、僕はよく切れて刃がやわらかいハガネ製をおすすめします。身芯にハガネを使っている包丁はオールステンレス製に比べ、やわらかくて研ぎやすいので、扱いやすくて料理の楽しさが各段に上がります。サビと指に要注意ですが。

写真は
割込　キッチンナイフ
（長34.2×幅4.1×厚1.7cm　157g　材質：ハガネ、ステンレス／ゆとりの空間）

| 料理が楽しく
なり始めたら | ## 鋳物ホーロー鍋 |

「ル・クルーゼ」や「ストウブ」に代表される鋳物ホーロー鍋は、熱伝導と蓄熱が良いので肉や野菜の本来のうまみをしっかり引き出してくれる、言うなれば「誰でも料理上手になれる魔法の鍋」。初めて買うなら直径20〜22cmくらいで深さが10〜12cmくらいの物が使いやすいと思います。テーブルにそのまま出しても映える万能鍋で、この本ではP26のポークカレーやP50の豚と大根の角煮など、じっくりコトコト素材の味を引き出す料理で使用しています。

写真は
マルミット　22cm　カリビアンブルー
（直径22cm×深さ10cm　材質：鋳物ホーロー／ル・クルーゼ）

| 道を
極めるなら | ## 米を炊く土鍋 |

最近はおいしく米が炊けるように工夫がされたさまざまな炊飯器もあるので、通常のご飯ならそれでも充分ですが、P22のチャーハンのようにお米を料理するときだけは、だまされたと思って一度土鍋で米を炊いてみてください。ものすごくおいしくなります。この土鍋は特に鍋底が丸くなっているので、米が対流して一粒一粒に均等に熱が伝わり、もっちりと炊けるのでとてもいいです。

写真は
ごはん鍋　錆
（直径25.5cm×深さ19.5cm　材質：耐熱陶器／ゆとりの空間）

そのほかあると便利な道具

木べら

野菜や肉を炒めるとき、慣れないうちは菜箸やフライ返しでは食材全部をうまく均等に返すことは難しいです。力を入れすぎて鍋やフライパンに傷をつけてしまうことも。だから初めての人にはもちろん、僕は今でも木べらがいちばん扱いやすくて愛用していますよ。

トング

あまり奥さんはキッチンで使っていないかもしれませんが、ぜひ使ってみてください。菜箸ではつかみにくい小さな食材を形よく盛ったり、パスタや麺をつかんで良い感じに盛りつけたりするのにとても便利。あるとないとでは大きな違いです。

大さじ・小さじ・計量カップ

この本で紹介したレシピの分量は、僕が長い間調整を繰り返してたどり着いた、かなり僕的ベストに近い味つけ。だから最初は、面倒でもきちんと計量して、このままの味を再現してみてほしいのです。もちろん2度目以降、好みでマイナーチェンジは全然OK。

ここでおいしさに差がつく

2 米を炊く

毎日のように食べるご飯。おいしく炊けたら家族も喜んでくれるはず。炊飯器でもいいのですが、鍋で炊いたご飯の味は格別で、炊き方も意外と簡単です。鍋は土鍋や鋳物など、ふたが重くて中に圧力がかかるものがおすすめです。研ぎ方から炊き方まで、基本をご紹介します。

米をざるに入れ、水を張ったボウルにつける。こうすることで水きりが簡単に。米は研ぎ始めの水を最も吸収しやすいので、ぬか臭さが残らないよう、素早く水をきる。

水を替えたら、指を熊手のように広げ、米を混ぜるようにして研ぐ。力を入れると米が割れてしまうので、やさしく。研ぎ汁のにごりがなくなるまで研ぐこと。

研ぎ終わったら水をしっかりきって。ここで水きりしないと水の量が正確に注げないので、必ずざるに上げ米をこぼさないようにトントンとふって水をきって。

水きりした米は土鍋や鍋に入れて、同量の水を注ぐ。ちょっとかために炊いて、パラッと仕上げたいチャーハンのときは、水加減を少なめに（右ページ上参照）。

水を加えたら、そのまま **30分** ほどおいて浸水させる。米の芯まで水を吸わせることで、やわらかく甘みのあるご飯になる。

わが家で米を炊くときに使っているのはこの土鍋。丸い形だと米が中で対流しやすく、炊きムラが少なくなる。

P22 チャーハン用のご飯

材料 2人分
米……2合
水……カップ1と1/2（300mℓ）

米1合に対しての水加減
チャーハンのときは150mℓ
普通のご飯のときは180mℓ

調理時間：30分（米を洗って水に浸ける30分ほどは別）

7
鍋を強火にかける。写真のように沸くまではふたを取ってチェックしても大丈夫。沸いたら弱火にする。

8
ふたをして**弱火で10分**炊く。土鍋は最後に蒸らすとき、余分な水分を吸収してくれるため、もっちりとおいしく炊きあがる。

9
10分経ったら火を止め、そのまま**10分蒸らす**。蒸らすことで、米の甘みやもちっとした食感を引き出すことができる。

10
蒸らしが終わったら、まず鍋肌にぐるっと1周しゃもじを入れて、米をはがすようにする。

11
米は上部と下部では炊きムラが出やすいので、底から上下を返す。ザックリ全体をほぐすように下から持ち上げて混ぜる。

12
ご飯が完成！ 鍋で炊くとおこげができるのが、また楽しみ。炊きたてのおいしさを楽しもう。

ここでおいしさに差がつく
3 野菜を切る

野菜なんてほどほどの大きさに切ってあれば別にいいと思うかもしれませんが、食べたときの食感やほかの材料とのからみ具合、食べやすさも「おいしさ」の印象を左右するのです。いちばんの基本は、一緒に入れる野菜は大きさや形をだいたい揃えるということ。野菜がうまく切れるようになると料理がすごく楽しくなりますよ。

難易度 ★　カレーをおいしくする
じゃがいも、にんじん、玉ねぎの切り方

1 じゃがいもはピーラーできれいに皮をむく。緑の部分や芽には毒を含むので、きれいに取り除く。

2 縦半分に切り、それぞれをもう一度縦半分に切る。切った二つを並べて横に3つに切る。(1個のじゃがいもが12片になる)

3 にんじんはピーラーでざっと皮をむく。3cmほどの長さを基準にして3つ〜4つに切る。

4 太い部分は4つ〜6つに、まん中部分は2つに切る。細い部分はそのままでOK (1本のにんじんが10かけほどになる)。

5 玉ねぎは芽が出るとがった部分と根の部分を切り落としてきれいに皮をむき、縦半分に切る。

6 それぞれの断面を下にしてまな板に置き、縦の繊維を断つように横半分に切る。

7 さらに縦4等分に切る(1個の玉ねぎが16かけになる)。

参考 ナポリタンのときは、玉ねぎの縦の繊維を断つように横に薄く切る。

| 難易度 ★★ | チャーハンや餃子をおいしくする
長ねぎのみじん切り

※ほかに使える料理……なすとズッキーニのめんつゆソテー（P72）

1. 20cmほどの長さに切り、根元を1cmほど残して縦に切り目を入れる。ちょうどほうきのような状態に。
2. 1の切れ目をいったん元のように揃え、包丁を持つ手の側に向けてねぎを横向きに置く。
3. ねぎを押さえる手の人差し指と中指の第一関節が包丁の側面に当たるようにして安定させる。
4. 3の姿勢で刃をまっすぐおろすように意識しながら2mm幅ほどに切っていく。

| 難易度 ★★★ | オムライスやハンバーグをおいしくする
玉ねぎみじん切り

※ほかに使える料理……ツナのカレーマカロニサラダ（P62）

1. 芽が出るとがった部分と根の部分を切り落としてきれいに皮をむき、縦半分に切る。
2. 断面を下にしてまな板に置く。玉ねぎを根元側の先端を1cmほど切らずに残すよう包丁の刃先で縦5mm幅ほどの切り目を入れていく。
3. 包丁の刃を横にし、先ほどの切り目に対して直角になるように刃先で5mm幅ほどの切り目を入れる。
4. 横に切り目を入れるときも手で玉ねぎを押さえている側の1cmほどは切り目を入れずに残す。

5. 切り残した1cmの部分で玉ねぎが動かないよう支えながら、5mm幅で切っていく。
6. 最後に残る切れていない部分はそれだけを別に刻むか、汁物の具などにしてもいい。

参考 上の写真のように1/4個をみじん切りにするのが難しければ、最初はこのように1/2個の大きさで同様に挑戦してみよう。1/4個より安定感があり押さえやすい。

ここでおいしさに差がつく
3 野菜を切る

難易度 ★★	ナポリタンや焼きうどんをおいしくする

ピーマンの細切り

1 縦半分に切り、種と芯とへたを手でちぎり取るようにはずす。

2 わたの部分や残った種も手できれいに取り除く。

3 2枚を重ね、すべらないように片手で押さえながら2mm幅に切る。

4 長ねぎのみじん切りと同様に、ピーマンを押さえる手の人差し指と中指の第一関節が包丁の側面に当たるようにして安定させる。

参考 オムライスの場合は細切りしたものを何本か重ねて5mm幅ほどに切る。

難易度 ★	焼きうどんをおいしくする

キャベツのざく切り

1 キャベツの外側に近い葉の部分は5〜6枚重ねて2cm角ほどになるように縦横に切る。

2 芯は刃先で除き、芯に近い部分は2〜4等分に切ってほぐす。かたく厚い軸の部分は薄切りにする。

難易度 ★★	餃子をおいしくする

にらのみじん切り

1 10cmほどの長さに揃えるように、はみ出す部分は切って重ねる。

2 動かないよう葉をおさえながら5mm幅ほどになるようリズミカルに刻む。

サラダをおいしくする 野菜の切り方

ポテトサラダ

きゅうりの輪切り
難易度★

1 両端を切り落とし、2～3mm厚さに切る。

2 切っているうちに散らばりやすいので、広いまな板を使うと切りやすい。

3 きゅうりを押さえる手の人差し指と中指の第一関節が包丁の側面に当たるようにして安定させる。

玉ねぎの薄切り
難易度★★

芽が出るとがった部分と根の部分を切り落としてきれいに皮をむき、縦半分に切る。繊維に沿って5mm幅に切る。玉ねぎを押さえる手の人差し指と中指の第一関節が包丁の側面に当たるようにして安定させる。

ツナのカレーマカロニサラダ

きゅうりの細切り
難易度★★

1 両端を切り落とし、長さを半分に切る。それぞれ縦に1～2mm幅の薄切りにする。

2 薄切りにしたきゅうりを何枚かずつ重ね、細く切る。

3 細く切ったきゅうりをさらに長さを半分に切り、5cm長さほどにする。

春雨サラダ

にんじんのせん切り
難易度★★★

1 5cm長さに切って皮をむく。太い部分は1/4、まん中部分は1/2に切る。

2 平らな面を下にして1～2mm幅の薄切りにする。

3 薄切りにしたにんじんを何枚かずつ重ね、1～2mm幅に細く切る。

きゅうりのせん切り
難易度★★

にんじん同様、5cm長さに切り、縦半分に切って1～2mm幅の薄切りにする。何枚かずつ重ね、1～2mm幅に細く切る。

トマトとしそのサラダ

トマトの輪切り
難易度★★

1 包丁の先をへたに差し込み1周させてくりぬく。

2 横にして7mm幅の輪切りにする。むやみに力を入れると身がつぶれてしまうのでよく切れる包丁で、まず皮を切り、果肉に刃を入れる感覚で切る。

パパ料理がうまくいく
パパのための3ヵ条

1
料理に「パパらしさ」を盛り込もう

じっくり取り組むことができる休日のパパ料理は、毎日のママ料理と違っていて当然。たとえば、お店で食べるみたいなパラッとしたドーム形のチャーハンや、ドーンと大きなオムライス、味も見た目も豪快な丼物、肉汁あふれる餃子……。この本ではそんな「パパらしさ」全開の一撃必殺メニューを厳選しています。

2
「いつもの」と言われる得意料理をひとつ持とう

料理が初めての人でも親しみやすくて作りやすいメニューで、メインになるものとサイドディッシュ合わせて20種類を選びました。「たった20種類?」と思うかもしれませんが、この中からどれかひとつ徹底的に繰り返し作って、いずれは本を見なくても作れる「自分の料理」にしてください。それがとっておきのパパのひと皿になります。

3
料理作りは仕事のように段取りが命

仕事をスムーズに進めるためには「段取り」や「事前の根回し」などの準備が大事、ということはパパならみんなわかっているはず。料理も同じで、いきなりフライパンを火にかけるところからではなく、材料をすべて揃えて、段取りを確認しておく準備が大事。自分の身近な経験に近づけて考えてみると、料理と上手に付き合えるかもしれません。

1 メインになる10皿

「子供の頃、おふくろが留守のときに
おやじがたまに作ってくれたステーキ丼、
その味を思い出して今でも無性に"あれ食いたいな〜"と
思うことがあるんだよね」

みんな大好き！本格派の
ハンバーグ

「僕が子供の頃に食べていた栗原家のハンバーグは、生の玉ねぎがたっぷり入った煮込みハンバーグ。それも好きでしたが、より本格的な味にしたくて今のレシピになりました。ポイントは残った肉汁を使い、赤ワインを加えてソースを作るところ。深い味になりますよ」

男のこだわり

1 みじん切りの玉ねぎは木べらで炒める

玉ねぎをよく炒めて加えると、甘みとうまみがプラスされておいしさが倍増します。フライ返しや菜箸より、木べらを使うとうまくいきやすいです。玉ねぎを木べらでフライパンの底に押しつけてはほぐすを繰り返し、少し茶色く色づくまで炒めると、肉ともなじみ、甘みが出ます。

2 肉は粘りが出るまでよくこねる

肉だねは指を熊手の形に開いて素早くこねると、ふっくらとジューシーな仕上がりに。また両手でキャッチボールするようにして中の空気を抜くと、焼いても割れにくく、肉汁も流れにくいうえ、中まで均等に火が入りやすくなります。焼くと肉がふくらむので、中央は軽くへこませて。

3 焼けたかどうかはつまようじを刺してチェック

ハンバーグ作りにありがちな失敗「生焼け」。中まで火が通っているかは、つまようじを刺してチェックします。ハンバーグの中央に刺して唇に当て、熱くなっていたら火が通っている証拠。このしぐさ、料理人ぽいでしょう？ 唇が一番温度を感じやすいのでやってみてください。

●お子さんと一緒に作るなら

小さいお子さんでも肉だねを混ぜたり、成形するのは粘土遊び感覚で楽しくできるはず。こねすぎるとお子さんの手の温度で脂が溶け出すので、時間をかけず素早く行うよう教えましょう。自分で成形したハンバーグが焼けるのはとても楽しい経験になるはずです。
小学校中学年以上のお子さんなら子供用包丁を用意してあげて、正統派の玉ねぎみじん切り（P13）をお父さんと一緒に練習したらどうでしょう？ 端を残して切っていく本当のみじん切りがちゃんとできる大人になることは、子供にとって一生使える財産だと僕は思いますよ。

Hamburger Steak

パパ作
息子作

Cooked by son
息子が初めて作った
ハンバーグライス

材料4人分

合いびき肉……400g
玉ねぎ……3/4個(200g)
A ｜ パン粉……大さじ1
　｜ 牛乳……大さじ1
卵……1個
薄力粉……大さじ1/2
ナツメグ……小さじ1/3
バター……10g
オリーブオイル……大さじ1
塩……小さじ1/2
黒こしょう……適量

〔ソース〕
マッシュルーム……4個
赤ワイン……大さじ2
水……大さじ2
トマトケチャップ
　……大さじ2
中濃ソース……大さじ2
バター……10g

ブロッコリー、カリフラワーなどをゆでたもの、クレソンなど好みのつけ合わせ……適宜

1 野菜を切る

玉ねぎはみじん切りにし、ソースのマッシュルームは石づきを除いて縦に2～3mm幅に切る。(写真1～2)

2 玉ねぎを炒めて甘みを出す

フライパンにバターを溶かし、玉ねぎを入れる。木べらで混ぜながら、強めの中火で焦がさないように炒める。半透明になってしんなりしたら火を止めて、粗熱を取る。Aは合わせる。(写真3～6)

3 ハンバーグを成形する

ボウルにひき肉、2の玉ねぎ、A、卵、薄力粉、ナツメグ、塩、こしょうを入れてよく混ぜる。4等分にして手にサラダ油(分量外)をつけて肉だねを丸め、両手でキャッチボールするようにして中の空気を抜く。小判型に成形し、表面をなめらかに整え、片面の中央を指でへこませる。(写真7～11)

4 ハンバーグを焼く

フライパンにオリーブオイルを熱し、3を入れる。中火で焼いて両面に焼き色がついたら、火を弱め、ふたをして7分ほど蒸し焼きにして器に盛る。好みのつけ合わせを添える。(写真12～14)

5 ソースを作る

4のフライパンの肉汁を残したまま火にかけ、ソース用のバターを溶かし、マッシュルームを加えて炒める。しんなりしたら、赤ワインと水を加えてサッと炒めてアルコール分をとばす。トマトケチャップと中濃ソースを加えてとろみがつくまで煮つめたらハンバーグにかける。(写真15～18)

調理時間：40分

中華食堂みたいな
チャーハン

「チャーハンは僕の祖父が好きで、よくウスターソースをかけて食べていたのを思い出します。チャーハンと言えばパラパラ感。お店で食べるようなあの感じが、家庭の限られた火力でも簡単にできるように、ご飯の炊き方から工夫しました。またご飯をパラッとするまで炒めてから具を加えると、水分が出ずにおいしく仕上がります」

男のこだわり

1 チャーハンのためにご飯を炊く

パパ料理だからこそできる「中華食堂の仕上がり」を目指すなら、残りご飯で作るのではなく、このチャーハンのために米を炊いてほしい。あの一粒一粒がパラッパラのドーム形チャーハンは、ふだん食べるご飯よりかなりかために炊いた米を炒めることこそが最大のコツだと言ってもいいくらい、大事です。

2 米粒くらいのみじん切りを頑張る

米のパラッパラの仕上がりを邪魔しないように、具材はできる限り細かく刻んでほしい。理想は米粒と同じくらいです。ハムとかまぼこは切りやすいから初めてでもけっこう頑張れると思うので「米粒、無理！」と思わないで、試しにやってみてください。本当においしくなりますから。野菜類はP12〜15を見て練習あるのみ。

3 スピード感が成功の決め手

火にかけたら仕上がりまではノンストップで10分の世界です。炒めている途中でしょうゆを探したり分量を計ったり、ましてや卵を混ぜたりねぎを刻んだりする時間はありません。フライパンの点火前に材料はすべてコンロのそばに揃えておきましょう。調理前の準備にはたっぷり時間をかけても大丈夫。

●お子さんと一緒に作るなら

小さいお子さんなら、炒め上がったチャーハンを茶碗や丼に詰めて器に盛ってもらう係に任命しましょう。砂遊びのような感覚で子供には面白いはず。うまくドーム形に盛るにはどうすればいいか一緒に考えてあげることで子供が興味を持ち、考える力が育つチャンスに。
小学校中学年以上なら、かまぼこやハムを刻んでもらうことで刃物の安全な扱い方を教えましょう。今は鉛筆を削ったりする機会もないので、刃物を上手に扱えないまま大人になってしまう子も多いですよね。家庭料理はそれを教える良い機会だと思います。

Fried Rice

Point① 普通のご飯よりはかなり水を少なくしてかたく炊く

Point② 鍋はだに押しつけてはほぐすを繰り返す

材料2人分
ご飯……400g
水……300mℓ
ハム……50g
かまぼこ……40g
長ねぎ……50g
卵……2個
にんにく……1かけ
しょうが……1かけ
A │ 鶏がらスープの素（顆粒）……小さじ1
　│ 塩……小さじ2/3
　│ 黒こしょう……各適量
サラダ油……大さじ1と1/2

1 米を研いでかために炊く
米2合を研ぎ、少なめの水加減でかために炊く。炊き上がったご飯の400gを使う。（写真Point①）
※P10に米の研ぎ方と炊き方の詳しい手順がありますので参照してください。

2 具材を刻む
ハムとかまぼこは5㎜幅の細切りにしてから5㎜の角切りに、長ねぎは粗みじん切り、にんにくとしょうがはみじん切りにする。（写真1～4）

3 卵を混ぜる
卵は白身と黄身がしっかり混ざるまで溶きほぐす。（写真5）
※炒めるときにご飯と卵が一体になってなじむようよく溶いた卵液にします。

4 にんにくとしょうがを炒める
火にかける前のフライパンにサラダ油、にんにく、しょうがを入れ、強火で炒める。（写真6）
※油に香りをつけるような気持ちで炒めます

5 卵とご飯を炒める
香りが立ったら溶き卵を流し入れ、すぐにご飯を加える。木べらでご飯のかたまりをほぐし、一粒一粒に卵がからんでご飯をコーティングするよう炒める。木べらでフライパンに押しつけてはほぐすを繰り返し、卵に火が通ってご飯がパラパラになればOK。（写真7～12、Point②）

6 ハムとかまぼこを加える
ご飯をパラパラに炒めたら、ハムとかまぼこを炒める。（写真13～15）
※ここからの工程はスピード感が成功の決め手。残りの材料は全てコンロまわりに揃えてから始めましょう。

7 仕上げの味つけをする
ハムとかまぼこがご飯に混ざったらAを加えて調味し、最後に長ねぎを加えてサッと炒める。（写真16～17）
※香りがとぶので、長ねぎは最後に加えてサッと炒める程度に。

8 茶碗に詰めて皿に盛る
食べる量に合わせて茶碗や丼にご飯をぎゅうぎゅうに詰め、盛りつける器をふたのようにかぶせてから一気にひっくり返す。テーブルに置いてそっと茶碗をはずしドーム形に盛る。
※ぎゅうぎゅうに詰めないと茶碗をはずしたときにくずれやすいので小さめの茶碗を使うのがおすすめです。

調理時間：20分（米を炊く時間は別）

コクとうまみの
ポークカレー

「これはね、息子にも妻にも好評で、何度もおかわりしてくれたのでわが家の定番になりました。市販のカレールウを少し使うのですが、味のベースはトマト缶。トマトはうまみが多いし、肉を先に煮込むことでだしが出て、飴色玉ねぎを使わなくても、手間なしでひと味違ったカレーになります。わが家では豚の軟骨を使うこともあります。食感がコリコリして、これも息子がよく食べてくれます」

男のこだわり

1 とんかつ用ロース肉を使う

さまざまな部位が混在した、「カレー用」として売られている肉ではなく、できればとんかつ用ロース肉を使ってほしい。おいしい脂身が適度にあってうまみも増すし、ジューシーで煮込んでもかたくならず、食べごたえもあるから、僕はこっちのほうがダンゼン好きなんです。

2 発見！トマトでコクとうまみを出す

「男のカレー」って玉ねぎをジワジワ飴色になるまで炒めて深みとコクを出すのをよく見るし、憧れますが、毎回そこまではできない。で、発見したのがトマトのうまみを丸ごと生かすこのレシピ。ウスターソースとトマトケチャップがさらに酸味とうまみを補います。

3 煮込み時間には鍋にふたをする

カレーのおいしさは香りと適度なとろみ。慣れないうちは心配になって何度もふたを開けてしまったり、そもそもふたをするのを忘れたりしがち。水分と香りがとばないよう煮込むときには必ずふたをして。特に最初の30分は、たまにそっとかき回す程度でじっと我慢。

●お子さんと一緒に作るなら

小さいお子さんとお鍋にカレーのルウを割り入れて混ぜ溶かす工程を一緒にやってみましょう。ルウが溶けたり混ざったりして料理の色や様子が変わっていくのが面白く、料理に興味を持ちやすいはず。熱い煮汁のハネや鍋に触れないよう充分注意をして。
小学校中学年以上になったら、ピーラーで野菜をむいたり切ったりする下ごしらえを一緒にやりましょう。カレーの野菜は大きくてよいのでお子さんでもあまり危なくなく包丁を使えます。もちろんケガをしないようにしっかり横で見ていてあげましょう。

Pork Curry

Point① 肉に下味をもみ込むことでルウとの相性がよくなる

Point② 最後に隠し味を入れて仕上げる

材料 4人分

にんじん……1本（200g）
じゃが芋……1個（250g）
玉ねぎ……1個（200g）
豚ロース肉（とんかつ用）……4枚（400g）
A ｜ 塩……小さじ1/2
　｜ 黒こしょう……適量
にんにく……2かけ
ローリエ……2枚
オリーブオイル……大さじ1
水……カップ5
トマト水煮缶（角切り）……1缶（400g）
カレールウ……3かけ
B ｜ ウスターソース、トマトケチャップ……各小さじ1
　｜ 塩……小さじ1/3
温かいご飯……茶碗4杯分
福神漬け、らっきょう……各適宜

1 野菜を切る

にんじん、じゃが芋はピーラーで皮をむく。玉ねぎは皮をむき、それぞれ食べやすい大きさに切る。じゃが芋は水にさらす。（写真1〜4）
※ごろごろと大きめなほうが食べごたえがあるのでちょっと大きめかなというくらいでOK。詳しい切り方はP12を参照してください。

2 肉を切り、下味をもみ込む

豚肉は1枚を4等分に切る。Aをふってもみ込み、下味をつける。（写真5〜6、Point①）

3 にんにくをつぶす

にんにくは皮をむき、まな板の上で包丁の腹を押し当て、手のひらでグッと押しつぶす。（写真7）
※木べらでつぶすとより安全なので慣れないうちは木べらを使っても。

4 肉を煮てうまみを引き出す

フライパンにオリーブオイルと3のにんにくを入れ、中火にかけて炒める。香りが立ったら豚肉とローリエを加え、強火で加熱する。肉に焼き色がついたら分量の水を加えてふたをし、中火で30分煮る。（写真8〜13）

5 野菜を加えて煮る

4にトマト水煮、にんじんを加えて5分煮たら、じゃが芋、玉ねぎを加えてさらに20分ほど煮る。（写真14〜16）

6 カレールウを加え、隠し味を足す

野菜がやわらかくなったら火を止め、カレールウを加える。ルウが溶けたら混ぜ、Bを加える。再び1〜2分混ぜながら火を通してなじませる。（写真17、Point②）
※野菜に火が通りにくくなるのでルウは最後に入れましょう。

7 器に盛る

少し深さのある器にご飯を盛り、カレーをかける。好みで福神漬けとらっきょうを添える。

料理の前の仕込み

ご飯はあらかじめ炊いておく。
（炊き方はP10参照）

調理時間:75分（米を炊く時間は別）

洋食屋のビッグな
オムライス

「オムライスは子どもも大人も大好きな料理ですよね。僕も子どもの頃から好きで、母がよく作ってくれたのを思い出します。チキンライスを卵で包んでお皿に盛るところが難しいと思われがちですが、多少失敗しても大丈夫です。熱いうちにペーパータオルをかぶせて手で整えれば、きれいなオムレツ形になりますよ」

男のこだわり

1 赤ワインで洋食屋の味に近づける

オムライスのソースに赤ワインを加え、少し煮つめて作ります。こうすることで、簡単なのに味に深みが出て、まるでお店のような味に近づきますよ。飲みかけワインや料理用ワインで充分です。アルコール分は煮つめる段階でしっかりとばすので子供にも大丈夫。

2 チキンライスの具材は5mm〜1cm角に切り揃える

ご飯がかたまりになっていたり、ケチャップが均一になじまないとおいしさが半減してしまうオムライス。そうならないために、具材を細かめに切ることが大事です。鶏肉としめじは1cm角くらい、ピーマンは5mm角くらいがベスト。最初は時間がかかってもよいのでできるだけ頑張って。

3 フライパンからお皿に移す工程は見せ場

オムライスでいちばん肝心なのはフライパンからお皿に移すとき。ここでもたつくと卵が破れたり、ご飯が散らばってしまったりと残念なことに。思い切ってサッと返すしかないのですが、形はあとからいくらでも整えられるので怖がらないでクルッと素早く返してください。

●お子さんと一緒に作るなら

小さいお子さんには卵を混ぜる工程を任せましょう。上手に卵が割れるようにお手本を見せ、こぼしても大丈夫なシートの上や流しのシンクの中でやらせます。最初はうまくできなくても何度かやるうちに力加減やコツをつかめるはず。ソースをかける任務もうれしいはず。
小学校中学年以上なら一緒に具材を切ることを手伝ってもらいましょう。目標の仕上がり寸法を知らせ、どう切ればうまく切り揃えられるか工夫することを促すチャンス。刃物の扱いには注意してケガをしないようにそばで見てあげましょう。

慣れてきたらこんなふうに。デキル男に見えて楽しい。

Point①
この角度と位置をマスターしたい

材料 2人分

鶏もも肉……100g
A｜塩……小さじ1/4
　｜黒こしょう……少々
玉ねぎ……1/4個（50g）
ピーマン……1個
しめじ……50g（正味）
温かいご飯……茶碗2杯分（360g）
卵……4個
塩……2つまみ
バター……20g
トマトケチャップ……大さじ2
B｜中濃ソース……大さじ2
　｜トマトケチャップ……大さじ2
　｜赤ワイン……小さじ1
塩……小さじ1/3
黒こしょう……適量

1 鶏肉を切り、下味をつける

鶏肉は1cm幅に切ってから、端から1cm角に切る。Aをふって手でよくもみ込む。（写真1）
※下味をつけておくと、ご飯や卵と味のなじみがよくなります。

2 野菜を切る

玉ねぎはみじん切りにする。ピーマンは5mm角に切る。しめじは根元の石づきを除いて、粗く刻む。（写真2～4）

3 卵を溶きほぐす

卵は1人分ずつ混ぜる。ボウルに2個ずつ、塩は1つまみずつ加えて溶きほぐす。（写真5）

4 具材を炒める

フライパンを熱してバターの半量を加え、鶏肉を強火で炒める。肉の色が変わったら2を加えてしんなりするまで炒める。（写真6～7）

5 ご飯を加えて炒める

4に粗熱を取ったご飯を加えて炒め、塩小さじ1/3、こしょう少々を加えて炒める。具となじんだらご飯を寄せて、あきスペースにケチャップを加える。水分をとばすように少し炒めたら、ご飯と混ぜ合わせ、塩、こしょう各少々で味を調える。（写真8～10）
※ご飯はあつあつだとベチャッとするので必ず冷ます。木べらを使ってご飯をほぐすように混ぜるとダマが残りません。

6 ソースを煮つめる

Bを順にフライパンに入れてよく混ぜる。混ぜながら、中火でとろみがつくまで煮つめる。チキンライスを取り出して同じフライパンで作ってもよい。（写真11～13）

7 卵を焼く

卵焼きは1人分ずつ作る。別のフライパンを火にかけ、バター5gを溶かし、溶き卵を流し入れる。強めの中火で菜箸でグルグル大きく混ぜながら加熱し、少しかたまってきたら5の半量を中央にのせる。（写真14～16）

8 器に盛る

7のフライパンの手前を持ち上げて卵を奥に滑らせ、フライパンの縁を器にあてて返す。ペーパータオルをかぶせてオムレツ形に整え、6のソースをかける。同様にもう1つ作る。（写真17、Point①）

> **料理の前の仕込み**
>
> ご飯を炊いて粗熱をとっておく。

調理時間：30分（米を炊く時間は別）

屋台のあつあつ
焼きうどん

「わが家はお客様を招くことが多いのですが、シメの料理としてお出しすると、とても喜んでもらえる一品です。豚肉はしゃぶしゃぶ用を使うから火の通りも早く、すぐにできます。味つけにオイスターソースを使うと、うまみが増しますよ。ぜひ試してみてください」

男のこだわり

1 味の深みは隠し味の揚げ玉で

食べた瞬間に「あ、うまい!」と思ってもらえる焼きうどんにする秘策が揚げ玉。具材を炒めるときに、隠し味に揚げ玉を大さじ1加えるのがポイントです。炒めると揚げ玉は姿を消しますがコクが出ておいしくなります。ほかの炒め物でも使えるワザなのでパパ用「マイ揚げ玉」を常備してもいいくらいです!

2 薄いしゃぶしゃぶ用の豚肉を使う

豚ばら肉は薄いしゃぶしゃぶ用を使います。下味がつけやすく、火も通りやすいし、脂もよく出るので炒め料理に慣れていない人にも扱いやすくてテクなしでおいしく仕上げられます。それに薄い肉のほうがより屋台っぽい雰囲気が出る気がしませんか?

3 調味料は全体にぐるりと回すようにかける

料理に慣れていないうちは調味料を加えるときについ1ヵ所にドバッと注いでしまいがち。「男の料理は思い切りよく一気に!」という気合も大事ですが、調味料は1ヵ所に固まると味にムラが出てしまうので、いつも全体にぐるっと回しかけるように意識しましょう。

●お子さんと一緒に作るなら

ママが留守のときパパと子供だけでガス火を使うのが心配だという場合、この焼きうどんならホットプレート(高温)でも作れます。うどんをゆでる工程は電気ポットで沸かした湯や給湯器の湯につけてうどんをほぐすことで代用しても大丈夫。お子さんと一緒に肉や野菜を切ってバーベキュー気分のお留守番ごはんは、パパとの楽しい思い出になるはずです。

Point① 軽くて深さがあるフライパンを使う

Point② 盛りつけるときトングは本当に便利

材料 2人分

ゆでうどん……2玉
豚ばらしゃぶしゃぶ用肉……200g
A ｜ 塩……小さじ1/3
　｜ 白こしょう……少々
キャベツ……150g
ピーマン……2個
揚げ玉……大さじ1
B ｜ ウスターソース……大さじ2
　｜ 中濃ソース……大さじ1と1/2
　｜ オイスターソース……小さじ1
サラダ油……大さじ1
塩……1つまみ
削り節……適量
紅しょうが……適宜

1 肉に下味をつける

豚肉は全体にAをふり、手でもみ込んで2〜3分おいて下味をつける。（写真1〜3）

2 具材を切る

キャベツは一口大のざく切りにする。ピーマンは縦半分に切ってへたと種を除き、繊維を断ち切るようにしてせん切りにする。豚肉は食べやすい大きさに切る。（写真4〜6）

3 うどんをゆでる

鍋に熱湯を沸かし、うどんを入れてサッとゆでて湯をきる。Bは混ぜ合わせる。（写真7〜11）
※うどんはゆでることでぬめりが取れるうえ、炒める時間が短くなり、仕上がりがベチャッとしません。

4 具材とうどんを炒める

フライパンにサラダ油を熱し、豚肉を強火で炒める。色が変わったらキャベツ、ピーマン、揚げ玉を順に加えて炒め、油がまわったら塩1つまみを加える。うどんを加えて炒め、油がなじんだらBを加えて調味し、サッと炒める。（写真12〜17、Point①）

5 盛りつける

4をトングで器に盛って削り節をふり、好みで紅しょうがを添える。（写真Point②）

料理の前の仕込み

うどんをゆでるための湯を鍋に沸かしておく。

調理時間：20分（湯を沸かす時間は別）

懐かしの喫茶店風
ナポリタン

「老舗の洋食屋さんや喫茶店など、お店のメニューにあったら必ず頼んでみるのがナポリタン。自分なりの鉄板レシピを作りたくて、いろいろ試作しました。具材はどこの家庭にもある身近な食材ですが、味つけのトマトケチャップに白ワインを少し加えると、風味が増してプロっぽい味になりますよ」

男のこだわり

1 具材はスパゲティにからみやすい細切りに

スパゲティの形状とからんで食べやすいように、玉ねぎ、ピーマン、ソーセージすべての具材を細長く切ります。僕はナポリタンの具材にはベーコンよりソーセージを推奨します。熱で反った形が楽しいし、炒めたときによりうまみが出ておいしいと思うので。

2 麺をゆでるときに塩とオリーブオイルを入れる

塩を加えてゆでると麺にコシが出ます。またオイルを入れると、スパゲティがくっつきにくくなりますよ。あと盛りつけるときにはトングを使うと、スパゲティがつかみやすく滑りません。麺を盛ってから具を上にのせるとおいしそうに見えます。

3 できればチーズにこだわってほしい

最後にふりかけるのは粉チーズでもいいのですが、せっかく「パパの味」として披露するならぜひとも本格的なパルメザンチーズを削りかけて。仕上げのパフォーマンスとしてもシェフっぽくてかっこいいですから。

●お子さんと一緒に作るなら

小さいお子さんにはお皿やフォークを準備したり、テーブルセッティングをしてもらいましょう。また、最後にパスタをトングでつかんで盛りつける役を一緒にやらせてあげると自分が作ったように喜ぶでしょう。
小学校中学年以上なら、野菜やソーセージの細切りを手伝ってもらいましょう。包丁になれていないお子さんでもソーセージやピーマンのような切りやすい食材の細切りなら、それほど危なげなくすぐ上手に切れるようになるでしょう。刃物に慣れるよいチャンスです。

Ketchup Pasta

Point① スパゲティをゆでる前にオリーブオイルを投入

Point② 具は待たせてもよいがスパゲティは時間が勝負

Point③ 盛りつけが楽で様になるトングを使ってみよう

材料 2人分

スパゲティ……220g
ソーセージ……4本(90g)
玉ねぎ……1/4個(50g)
ピーマン……2個
A ┃ 塩……小さじ1/3
　 ┃ 黒こしょう……適量
白ワイン……大さじ1と1/2
B ┃ トマトケチャップ……大さじ3と1/2
　 ┃ 砂糖……小さじ1/3
オリーブオイル……大さじ1と1/2
パルメザンチーズ……適量

1 具材を細切りにする

ソーセージは縦に細切りに、玉ねぎは繊維を断つように5mm幅に切る。ピーマンは縦半分に切ってへたと種を除き、繊維を断ち切るように7mm幅に切る。Bは混ぜ合わせる。(写真1～3)

2 具を炒める

フライパンにオリーブオイルを入れて中火にかけ、ソーセージを炒める。薄く焼き色がついて丸まってきたら、玉ねぎを加える。油がまわったらピーマンを加えてサッと炒め、Aを加えて調味する。(写真4～7)

3 スパゲティをゆでる

大きめの鍋にたっぷり沸かした湯に塩、オリーブオイル各適量（分量外）加え、沸騰したらスパゲティをゆでる。袋に書いてある表示時間より1分ほど短めにゆでて、ざるに上げて水けをきる。(写真8～9、Point①、②)

4 味つけを仕上げて器に盛る

2のフライパンに白ワインを加え、アルコール分をとばしたら、3とBを加えて手早くからめる。器に盛り、パルメザンチーズを削りかける。(写真10～13、Point③)

> **料理の前の仕込み**
>
> パスタをゆでる鍋にたっぷり湯を沸かしておく。

> 調理時間：30分（湯を沸かす時間は別）

肉汁たっぷり
パパ餃子

「僕が料理初心者のパパにおすすめしているメニューが、この餃子です。餃子は難しいと思われるかもしれませんが、失敗しないように材料や作り方を工夫しました。失敗してもその失敗の理由がわかりやすいので、改善する楽しみもありますよ。基本を覚えたら、肉だねをいろいろな味にアレンジするのも楽しいですね」

男のこだわり

1 焼く前に片栗粉をつけてカリッと

餃子を焼く面に薄く片栗粉をつけて焼くと、盛りつけるときにフライパンから離れやすく、仕上がりもカリッとしますよ。たったこれだけのひと手間で、食感が全然違うから試してみてください。薄力粉だとカリッとしないので絶対に片栗粉で。

2 野菜はそのまま使える長ねぎとにらがおすすめ

餃子にはキャベツや白菜を入れることが多いのですが、水分が多いので塩もみして水けを絞るひと手間が必要です。餃子作りのビギナーには、塩もみの必要がない長ねぎとにらがおすすめ。風味があるので味のアクセントにもなりますよ。

3 肉だねに少量のスープを加えてジューシーに

ジューシーな餃子に仕上げるコツは、肉だねを混ぜるときに少量の鶏がらスープを加えることです。このスープをよくなじむように肉だねに混ぜ込むことで、口に入れたときにじゅわ～っと肉汁があふれ出す餃子専門店のような食感になります。

●お子さんと一緒に作るなら

餃子はお子さんと一緒に作るのが楽しい料理。子供は年齢を問わず包む作業が大好きです。肉だねが多いと包んだときにはみ出すので、最初は量を加減しながら皮にのせてあげましょう。ひだを寄せてとじるのが難しいようなら、ぺたんと二つ折りにするだけでもOK。ただし肉汁が出てしまわないよう、口がきちんと閉じているかはチェックを。あとは一緒にひたすら楽しく包んでください。

Point ① ジューシーにするためスープをよく混ぜる

Point ② 片栗粉はカリッとさせるための重要なアイテム

Point ③ お皿をふたのようにかぶせてフライパンを返す

材料 4人分

豚ひき肉……300g
長ねぎ……1/2本
にら……1/2束
しょうが……1かけ

A
- 鶏がらスープの素（顆粒）……小さじ1/2
- 湯……大さじ3
- オイスターソース……大さじ1/2
- しょうゆ……大さじ1
- 酒……大さじ2

餃子の皮（大判）……1袋（26枚）
サラダ油……大さじ1
水……カップ1/4
片栗粉、ごま油……各適量
ラー油、酢、しょうゆ……各適量

1 野菜を切る
長ねぎとにらはみじん切りにする。Aの鶏がらスープの素は湯で溶く。（写真1〜4）

2 肉だねを作る
ボウルにひき肉、長ねぎ、にらを入れ、しょうがをすりおろして加える。Aを加えてよく混ぜる。（写真5〜8、Point①）

3 肉だねを餃子の皮で包む
2をスプーンですくって餃子の皮の中央にのせ、縁には指でぐるりと水（分量外）をつける。二つ折りにして、手前側にひだを寄せながらぴったりと閉じる。（写真9〜12）
※初めてだと肉だねを入れすぎがち。ちょっと少ないかなと思う量（ティースプーンで軽く1盛りくらい）がきれいに口を閉じられます。

4 焼く
片栗粉を器に広げ、3の餃子の底に薄くつけ、フライパンに並べる。すべてを並べたらサラダ油を回しかけ、中火にかける。（写真Point②、13）

5 ふたをして蒸し焼きにする
ジリジリと焼ける音がしてきたら、分量の水を注ぎ、ふたをして中火で蒸し焼きにする。水分が少なくなってパチパチと音が立ってきたら、ふたを取って強火にして水分をとばす。ごま油少々を回し入れてカリッとするまで焼く。（写真14）
※水を加えて蒸し焼きにすることで生焼けが防げます。水分が少なくなったら強火にして、カリッと仕上げましょう。

6 盛りつける
5のフライパンにフライパンの直径より大きい器をかぶせ、上下を返して盛りつける。ラー油、酢、しょうゆを添える。（写真15、Point③）

調理時間：40分

心平父親仕込みの
ステーキ丼

「『男の料理』と言えばやっぱり肉！ ではないでしょうか。わが家でもステーキは父が肉を買ってきて、焼いてくれました。いい肉にこだわっていたのでしょうね、おいしかったのを覚えています。肉はステーキ用ならなんでもOK。高い肉じゃなくてもおいしくできて、ご飯との相性もよくなるよう、ソースには隠し味でみそを入れています」

男のこだわり

1 肉は料理開始前に冷蔵庫から出して常温に戻すこと

ステーキを上手に焼く最大のポイントは肉を常温に戻しておくことです。最低でも焼く30分前には冷蔵庫から出しましょう。冷たいままの肉を焼いてしまう人が意外と多いのですが、焼きすぎてしまったり中に熱が通らず冷たかったりと、さまざまな失敗の原因になります。

2 にんにくチップを焦がさず作ろう

やわらかなステーキにカリカリのにんにくチップをワッと散らすと、途端にステーキハウスの雰囲気に近づきます。ただし、薄切りのにんにくは焦げやすいので、薄く色づき始めたらすぐフライパンから取り出すこと。にんにくの芽は特に焦げやすいので、炒める前に必ず取りましょう。

3 焼いてから休ませることで肉汁キープ

肉は焼いてすぐに切ると、せっかくのおいしい肉汁が中から流れ出てしまいます。両面が焼けたらペーパータオルの上に置いて休ませ、肉自身の余熱でじわじわ火を通すことで、肉汁が中にとどまり、ジューシーな仕上がりに。このひと手間がおいしさのカギですよ。

●お子さんと一緒に作るなら

「ステーキを焼く」というのは誰でもテンションが上がるハレの料理。子供にとっても「特別なごちそうが作られている」というわくわく感から、パパの手もとに大注目してしまうはず。大きく厚みのある肉を焼く頼もしい姿を見せつつ、にんにくチップや万能ねぎを散らしたり、ソースをかけたり、盛りつけのお手伝いを頼んで、そのハレの料理に参加している連帯感をはぐくみましょう。

Steak Rice Bowl

Point① 肉を休ませることでジューシーな仕上がりに

Point② 肉はやや斜めに切るとおいしそう

材料2人分

牛ステーキ用肉……2枚(260g)
　塩……小さじ1/2
　黒こしょう……適量
にんにく……1かけ
万能ねぎ……3本
オリーブオイル……大さじ1
温かいご飯……茶碗2杯分

〔ソース〕
玉ねぎ……1/4個(50g)

A
- にんにくのすりおろし……1/2かけ分
- しょうがのすりおろし……1/2かけ分
- みそ……小さじ1/2
- しょうゆ、みりん……各大さじ1
- 砂糖……小さじ1
- 酒……大さじ1/2

1 肉に下味をつける

牛肉は塩、こしょうをふり、手で軽く押してなじませ、下味をつける。(写真1～3)
※手のひらで肉を包むように押すことで手の温度で牛肉の脂が溶け、塩、こしょうがなじみやすくなります。

2 野菜を切る

にんにくは繊維を断ち切るように横に薄切りにして、中央の芽をつまようじなどで取り除く。ソース用の玉ねぎはすりおろし、万能ねぎは小口切りにする。(写真4～6)

3 にんにくチップを作る

フライパンにオリーブオイルとにんにくを入れ、中火にかける。香りが立ってにんにくが色づいてきたら取り出す。(写真7)

4 肉を焼く

3のフライパンを強火にして肉を入れ、焼き色がついたら返す。両面に焼き色がつき、好みの焼き加減になったら取り出し、ペーパータオルの上に置いて休ませる。(写真8～10、Point①)

5 ソースを作る

Aは混ぜ合わせる。肉汁を残したままの4のフライパンに玉ねぎのすりおろしを入れて軽く炒め、Aを加えて中火で煮つめる。(写真11～15)

6 盛りつける

器にご飯を盛り、肉を食べやすく切ってのせ、ソースをかけてにんにくチップをくだきながらのせ、万能ねぎを散らす。(写真16～17、Point②)

料理の前の仕込み

- ご飯を炊いておく。
- ステーキ肉は冷蔵庫から出して常温に戻しておく。

調理時間：30分

ご飯が何杯でも進む
豚と大根の角煮

「僕自身、豚肉が大好きなので、ときどき無性に食べたくなるひと皿です。ゴロッとしてやわらかく煮えた豚肉と大根は、ご飯にも合うし、子供も好きな味だと思います。僕が子供の頃にも母がよく作ってくれました。煮る時間は長いものの、鍋に材料を入れて火にかけておくだけなので誰にでも簡単にできます」

男のこだわり

1 肉も大根もゴロッと豪快に切る

角煮は大きなかたまり肉で作るのが、食べがいがあっておいしい！ 加熱すると肉は縮むので、とにかく大きめに切るのがポイントです。角煮と食感や見た目を合わせるために、大根も大きめに切って豪快に仕上げましょう。

2 豚肉は水からジワジワ加熱してやわらかく

沸騰した湯に豚肉を入れるとかたくなるので、必ず水のうちから肉を入れて、ジワジワ加熱を。こうしてまずは肉をやわらかくしてから調味料を入れるのが、しっとり仕上げる最大のコツです。酒やしょうが、長ねぎを入れるのは肉の臭みを取っておいしくするためです。

3 大根の状態を途中で一度はチェックする

材料と調味料を入れたら、あとは鍋が勝手においしくしてくれるワザいらずな料理ではありますが、全体に味がしみていないと台無しなので大根の状態だけは必ず途中でチェックを。色を見て味がしみていなさそうな部分は煮汁に浸るように調整してください。

●お子さんと一緒に作るなら

この料理はすべて大きめに切ってOKなので、料理初心者のお父さんが包丁に慣れるにも、お子さんに初めて包丁の使い方を教えるにも、とても向いています。また、一度火にかけてしまえば1〜2時間放置しておいても勝手に味がしみていくので調理も楽ですが、くれぐれも火を使っていることを忘れないように、必ずタイマーをセットしておきましょう。

Stewed Pork and Radish

Point ① 肉はまず水から下煮する

Point ② しょうがとねぎが臭み消しになる

Point ③ 大根にまんべんなく煮汁をしみ込ませる

材料 4人分

豚ばらかたまり肉……540g
大根……360g

A
- しょうが（皮つき）……1かけ
- 長ねぎの青い部分……1本分
- 酒……カップ1/4
- 水……カップ3と1/2

B
- しょうゆ……大さじ3
- 砂糖……大さじ1
- みりん……大さじ1と1/2

1 材料を切る

大根は2〜3cm厚さの輪切りにして皮をむき、十字に包丁を入れて四つ切りにする。
豚肉は5cm幅に切る。（写真1〜4）

2 肉を煮る

鍋にAと豚肉を入れ、強火にかける。調味料を入れると肉がかたくなるので、まずは下煮する。沸騰したらふたをして、吹きこぼれないよう、弱火で45分ほど煮る。（写真5〜7、Point①②）

3 大根を加えてさらに煮る

2の鍋にBと大根を加え、ふたをして弱火で40分ほど大根がやわらかくなるまで煮て味を含ませる。味がしみていない部分は返したり、煮汁に浸るように調整する。（写真8〜10、Point③）

4 食卓に出す

煮えたら長ねぎとしょうがを取り出し、鍋のまま食卓に出してそれぞれ取り分ける。（写真11）

調理時間：1時間40分

難しくない魚料理
かじきの照り焼き

「魚料理は難しいイメージがあるようで敬遠されがちですが、切り身のかじきは料理しやすいし、味にクセがなくてやわらかいので、子供もよく食べてくれます。片栗粉をまぶしてから焼くと、たれがよくからんで、糖分が少なくてもとろみがつき、上手に照り焼きができますよ。白いご飯が進む味です」

男のこだわり

1 魚は焼く前に塩をふって臭みを消すのが鉄則

生魚のにおいが苦手という人も多いと思いますが、調理前に塩をふることで魚の臭みは抑えることができます。塩をして10分ほどおくことで、魚の身が締まり、下味もついておいしさが増します。このとき出てきた水分をペーパータオルでふき取ることで臭みもなくなりますよ。

2 「片栗粉をはたいて焼く」は 使える便利ワザです

魚や肉に片栗粉をはたいてから焼くと、味つけが濃くおいしく感じられます。豚のしょうが焼きや八宝菜など、ほかの焼き物や炒め物料理のときにも思い出して応用してみてください。片栗粉をはたくことでたれがからみやすくなり、魚や肉本来のうまみも身の中にギュッと閉じ込められるからです。

●お子さんと一緒に作るなら

バットに広げた片栗粉にかじきを入れて一緒に粉づけ作業をします。手で魚を触るのを嫌がるお子さんもいるので、広々と新聞紙やビニールシートを敷いて遊びの延長のように粉をまき散らしてもいいような状態にしておきましょう。楽しく料理をしておいしく食べれば、魚嫌い予防の食育にもなるかもしれません。

Teriyaki of Swordfish

材料 4人分

かじき（切り身）……4切れ
塩……小さじ1/2
A ┃ しょうゆ……大さじ2と1/2
　┃ みりん……大さじ2
　┃ 砂糖……小さじ2
しし唐……8本
大根おろし……適量
片栗粉……適量
サラダ油……大さじ2

1 かじきに下味をつける
かじきは両面に塩をふって10分ほどおく。（写真1～2）

2 しし唐に穴をあける
しし唐は焼いたとき破裂しないようにつまようじで4～5カ所に穴をあける。Aは混ぜ合わせる。（写真3～5）

3 かじきに片栗粉をまぶす
1のかじきをペーパータオルに1切れずつはさんで水けをよくふき取る。バットなどに片栗粉を薄く広げ、両面にまぶしつける。余分な粉ははたいて落とす。（写真6～8、Point①）

4 蒸し焼きにする
フライパンにサラダ油を熱し、かじきを入れてふたをし、中火で焼く。しっかり焼き色がついたら返して、8割ほどかじきに火が通ったら、しし唐を加える。（写真9～12）

5 調味して煮つめる
かじきの両面が焼けたら、フライパン内の余分な脂をふき取り、Aを加えてとろみがつくまで煮つめる。（写真13～16）

6 盛りつける
器に盛って大根おろしを添える。（写真17、Point②）

料理の前の仕込み
大根をすりおろしておく。

調理時間：30分

パパ料理がうまくいく
ママのための3ヵ条

1
キッチンに「パパ専用」を用意しましょう

男にとって基本アウェイな場所であるキッチン。そこに入るには何かきっかけが必要です。この本もそんなきっかけのひとつですが、潜在的に「道具」や「メカ」が大好きという男性の習性を利用して、スタイリッシュな調理器具や家電など、何か彼が気に入りそうなキッチングッズを「パパ専用」として導入してみましょう。自分の道具があることで「自分の場所」という意識が生まれ、料理してみようという気持ちが生まれます。

2
後片づけも散らかりも、最初は大目に見ましょう

キッチンは自分の場所ですから、つい「こうしてくれないと……」「なんで元通りにしないのかしら」と、ついつい言いたくなることはたくさんあるでしょうが、そこはグッとおさえて。不慣れなことを一生懸命しているときに、頭ごなしに叱られたら面白いわけがありません。せっかくのやる気を摘み取らず、あたたかく見守りながら育てましょう。

3
パパの料理をほめ、喜んでいることを伝えましょう

人間誰でも「役に立った」「喜ばれた」「面白かった」という気持ちが次につながります。自分の仕事や突然のケガや病気、実家の急用などで困ったときにも、ダンナさんに子供と一緒にお留守番+ごはんまで引き受けてもらえたら、すごく助かることは間違いなし。そのために、多少オーバーでも、めいっぱい「ほめて育てる」のがいちばんの処方箋。子育てにも通じる極意です。

2 サイドディッシュ 10皿

「ひじきのごま煮はね、カレーと一緒に食べてもうまいんだよ。
うちの息子なんて大好物でいくらでも食べちゃう。
作るのも本当に簡単だし、栄養もあるし、
敬遠しないでほしいな」

サラダ①
ポテトサラダ

「ポテサラ、ほとんどの男が好きですよね。わが家も父が好きなサラダで、母がよく作っていたのを思い出します。もちろん子供も好きな味ですし、常備菜としてもあると便利です。例えばサンドイッチにするなど、アレンジにも役立ちます」

男のこだわり

1 じゃが芋はゆでるだけじゃうまくならない

ゆで上がった途端につぶそうとする人が多いのですが、ポテトサラダをホクホクに仕上げるためにはもうひと手間。湯をこぼした鍋を再び火にかけ、粉ふき芋にします。こうすることで水分がとび、ホクホクの仕上がりになります。焦がさないように鍋をよくゆすって。

2 玉ねぎは熱いうち、マヨネーズは冷めてから、と覚える

玉ねぎは辛みをやわらげたいからじゃが芋が熱いうちに加え、マヨネーズは香りがとんでしまわないようにじゃが芋が冷めてから加える、これ鉄則なので覚えてしまってください。

1 材料を切る

じゃが芋は皮をむいて大きめの一口大に切って水にさらす。きゅうりは2〜3mm厚さの輪切りにして塩をなじませ、10分ほどおく。玉ねぎは繊維に沿って薄切りにし、水に5分ほどさらす。ハムは半分に切って重ね、端からせん切りにする。（写真1〜6）

2 じゃが芋をゆでる

鍋にじゃが芋を入れ、かぶる程度の水を注いで火にかける。沸騰したら火を弱め、10分ほどゆでる。竹串がスッと通るくらいにやわらかくなったら、火からおろして湯をこぼす。（写真7）

3 粉ふき芋にする

2鍋を再び中火にかけ、ゆすりながら余分な水分をとばして粉ふき芋にし、マッシャーなどでつぶす。玉ねぎの水けをふき取り、塩とともにじゃが芋が熱いうちに加えて混ぜ、ラップをかけて粗熱を取る。（写真8〜11）

4 具材を加え、調味する

きゅうりはギュッと絞って水けをきり、3が冷めたらハム、マヨネーズとともに加えてよく混ぜる。（写真12〜14）

5 盛りつける

器に盛り、好みでこしょうをふる。（写真15）

材料 2人分

- じゃが芋……2〜3個（450g）
- きゅうり……1本（100g）
  - 塩……小さじ1/3
- 玉ねぎ……1/4個（50g）
- ハム……2枚（40g）
- マヨネーズ……大さじ2と1/2
- 塩……小さじ1/3（調味用）
- 黒こしょう……適宜

調理時間：35分

サラダ②
ツナのカレーマカロニサラダ

「僕の行きつけのスナックで食べたのがきっかけです。それがうまくてね。そんなわけでお酒のつまみにもなるし、カレー味とツナって子供も好きですよね。ポイントはマカロニを少しやわらかめにゆでること。きゅうりや玉ねぎのシャキシャキ食感との組み合わせを楽しみます」

男のこだわり

1 きゅうりは水けをしっかり絞る

きゅうりは切ったまま入れると、水っぽくなって味も薄くなるので、塩でもんでギュッと絞ってから加えます。これはほとんどのサラダの基本なので習慣にしてしまいましょう。きゅうりはマカロニの形に合わせて細切りにするのがポテトサラダとは違うところです。

2 玉ねぎは熱いうち、マヨネーズとカレー粉は最後に

これはポテトサラダの鉄則と同じで、玉ねぎは辛みをおさえるために、マヨネーズとカレー粉は風味がとばないように、です。

1 マカロニをゆでる

鍋にたっぷりの湯を沸かし、マカロニを入れる。表示時間より2分ほど長めにしてやわらかくゆでる。(写真1)

2 野菜を切る

きゅうりは両端を切り落として長さを半分に切る。縦に薄切りにしてから細切りにし、さらに長さを半分に切る。塩をなじませてもみ、5分ほどおく。玉ねぎはみじん切りにして2〜3分水にさらす。ツナ缶は余分な油を軽くきる。(写真2〜5)
※上手なみじん切りの方法はP13を参照。

3 水けを絞る

きゅうりがしんなりしたら、手で水けをしっかり絞る。玉ねぎの水けをきる。(写真6)

4 材料を合わせる

ゆで上がったマカロニはざるにとって湯をきり、オリーブオイル(分量外)をサッと回しかける。ボウルに入れ、熱いうちに、玉ねぎを加えて混ぜ、粗熱がとれたら、きゅうり、ツナを順に加えてよく混ぜる。(写真7〜9)

5 調味して盛りつける

4の粗熱が取れたらマヨネーズを加えて混ぜる。最後にカレー粉を加えて混ぜ、器に盛る。(写真9、10)

料理の前の仕込み

マカロニをゆでるための湯を鍋に沸かしておく。

調理時間：25分
(湯を沸かす時間は別)

材料 2人分

マカロニ……150g
きゅうり……1本(100g)
　塩……小さじ1/2
玉ねぎ……1/4個(50g)
ツナ缶……1缶(70g)
マヨネーズ……大さじ3
カレー粉……小さじ2

サラダ③
春雨サラダ

「春雨サラダは給食でよく出ましたね。懐かしい味です。おいしく作るポイントは、材料を細く切って春雨となじみやすくすること。それから、できたては汁けが多いと感じるかもしれませんが、春雨が吸って味がなじみますよ」

男のこだわり

1 オイスターソースを隠し味に使おう
味つけは、甘酢としょうゆがベースですが、オイスターソースを少し加えています。うまみが増しますよ。

2 ゆでた春雨はざっくり切る
春雨はそのままだと長くて食べにくいので、ゆで上がったらまな板に広げ、包丁でざっくり切ってから他の材料と和えます。

材料 2〜4人分

春雨……90g
ハム……3枚(60g)
にんじん……1/6本(30g)
きゅうり……1/2本(50g)

A ┃ しょうゆ
　　　……大さじ2と1/2
　　砂糖……小さじ1/2
　　酢……大さじ1と1/2
　　オイスターソース
　　　……小さじ1/2

ごま油……大さじ1/2

1 春雨をゆでる

春雨は熱湯で2〜3分ゆでてもどし、ざるに上げて水けをきる。まな板に広げ、十字に包丁を入れて食べやすい長さに切る。(写真1〜3)

2 材料を切る

にんじんときゅうりは5cm長さに切り、にんじんは皮をむいて、ともにせん切りにする。ハムは半分に切って重ね、端からせん切りにする。(写真4〜6)

3 調味料を合わせる

1と2をボウルに入れ、Aを混ぜ合わせてごま油とともに加え、よく混ぜる。(写真7〜10)

4 器に盛りつける

中心を高く盛るとおいしそうに見えます。

料理の前の仕込み

春雨をゆでる湯を鍋に沸かしておく。

調理時間：20分
（湯を沸かす時間は別）

サラダ④
トマトしそサラダ

「青じそをたくさんいただいたことがあって、トマトと合わせたらとてもおいしくて、それからよく作るようになりました。味つけはぽん酢とごま油を合わせて、ごまをふるだけ。シンプルですが、深い味わいです」

男のこだわり

1 玉ねぎをシャキシャキさせる

トマトのやわらかさに玉ねぎのシャキシャキとした食感がよく合います。生で食べるので、できるだけ細かく切って水にさらし、ギュッと絞って辛みをおさえましょう。

2 トマトを美しく切る

このサラダの肝と言ってもいいほど重要なミッションは、トマトを均等な厚さでつぶさずにスライスすることです。これにはよく切れる包丁が必須。よく研いでから始めましょう。

1 野菜を切る

トマトは包丁の先をへたに差し込んで1周させてくりぬき、7mm幅の輪切りにする。玉ねぎはみじん切りにして、水に4～5分さらし、水けをギュッと絞る。青じそは重ねてクルクルと丸め、端からせん切りにする。Aは混ぜ合わせる。(写真1～7)

2 調味して盛りつける

器にトマトを丸く並べて玉ねぎを散らし、Aを回しかける。青じそをのせ、ごまをふる。(写真8～9)

調理時間：10分

「このサラダ餃子と合うよね！」

材料 2～4人分

トマト……2個(360g)
玉ねぎ……30g
青じそ……5枚
A ポン酢……大さじ1/2
　ごま油……小さじ1
いり白ごま……大さじ1/2

惣菜①
ひじきのごま煮

「僕の母がひじき好きだったので、子供の頃からよく食べていたし、常備菜としていつも冷蔵庫にあった記憶があります。ひじきは栄養価も高いし、子供にも好きになってもらいたい食材ですよね。これを上手に作れるようになったら、きっと奥さんもビックリするでしょう」

男のこだわり

1 煮汁がなくなるまで煮る

この惣菜はひじきに味をしっかり含ませることがおいしさのポイントです。そのため、煮汁をよく煮からめ、汁けがほとんどなくなるまでしっかり煮ます。

2 ごまが肝心

最後にごまを加えることで、ごまが煮汁を吸って汁けの少ないほろっとした仕上がりになります。風味のよいすりごまを使いたいですね。お弁当のおかずにも重宝しますよ。

1 ひじきをもどす、材料を切る

ひじきは水に10分ほどつけてやわらかくなるまでもどす。油揚げはざるに入れて熱湯をかけ、ペーパータオルにはさんで水けをきる。縦半分に切り、5mm幅に切る。にんじんは皮をむき、5cm長さのせん切りにし、しょうがはみじん切りにする。（写真1〜7）
※ひじきはぬるま湯につけると早くやわらかくなります。

2 フライパンで炒める

ひじきはざるに上げて水けをきる。Aは混ぜ合わせる。フライパンにごま油を中火で熱し、しょうがを炒める。香りが立ったらにんじんと油揚げを加えて強火で炒め、しんなりしたらひじきを加えて炒める。（写真8〜13）

3 調味する

フライパンに平らにならし、Aを回しかける。たまに木べらで混ぜながら、煮汁が少なくなるまで煮る。（写真14）

4 盛りつける

最後にごまをふり入れてよく混ぜ、器に盛る。（写真15）

料理の前の仕込み
ひじきを水につけてもどす。

調理時間：20分
（ひじきの浸水時間は別）

材料 2〜4人分

ひじき（乾燥）……18g
油揚げ……1枚
にんじん……1/6本（30g）
しょうが……1/2かけ
A ┃ かつおだし……50mℓ
　┃ しょうゆ……大さじ2
　┃ みりん……大さじ1
　┃ 砂糖……小さじ1
すり白ごま……大さじ2
ごま油……大さじ1/2

惣菜②

きのこのおかか和え

「あともう一品欲しいときにさっとよく作る料理です。きのことかつお節を合わせることで、うまみが増しますよ。とても簡単なので、料理初心者のお父さんにもおすすめです。きのこ類は安価で手軽な食材だし、常備菜としても役立ちます」

男のこだわり

1 形を揃えて均等になるように切る

いろいろなきのこが入りますが、なるべく大きさを揃えて切ることで、火の通りや味なじみにムラが出ません。細かいことですが、おいしさのポイントです。

2 もちろんほかのきのこで作ってもOKです

基本の作り方をひとつ身につけたら、同じ味つけでほかの素材を試してみることにより、「これがないときはこれで代用しよう」という食材の応用力がつきますよ。

1 きのこを切る

しいたけは石づきを除いて縦に5mm幅に切る。えのきだけは根元を除き、長さを半分に切ってほぐす。しめじは石づきを除いてほぐす。Aは混ぜ合わせる。（写真1〜4）

2 炒めて味つけする

フライパンにサラダ油を熱し、1のきのこを炒める。しんなりしたらAを加えて一炒めする。（写真5〜9）

3 盛りつける

味がなじんだら削り節を加えて混ぜ、器に盛る。（写真10）

調理時間：10分

材料 2〜4人分

しいたけ……4個（70g）
えのきだけ……1パック（200g）
しめじ……1袋（200g）
A｜しょうゆ……大さじ1
　｜みりん……大さじ1と1/2
削り節……7g
サラダ油……大さじ1と1/2

惣菜③

なすとズッキーニのめんつゆソテー

「夏野菜が出回ってきたら、いつも作る料理です。息子が野菜好きなので、作るととてもよく食べてくれます。めんつゆはそれだけで味が決まりやすいし、失敗も少ないので、あると便利な調味料だと思います」

男のこだわり

1 中火でじっくりと焼く

野菜は強火で焼くと中まで火が通らずに表面が焦げるので、中火でじっくり焼いて火を通しましょう。そうすることで味もなじみやすくなります。

2 皮側を下にして焼き始める

なすは切り口を下にして焼くといきなり油をたくさん吸ってしまうので、切れ目を入れた皮目のほうを下にしてじっくり焼いて火を通します。

1 野菜を切る

なすは縦半分に切り、包丁の先で削るようにしてへたを切り落とす。皮目には包丁で斜めに浅く切り目を入れ、水に2〜3分つけてアクを抜く。ズッキーニは半分の長さに切り、さらに縦に3等分に切る。長ねぎはみじん切りにする。(写真1〜5)

2 なすを焼く

フライパンにサラダ油を熱し、なすを皮目を下にして入れる。ふたをして中火で3〜4分蒸し焼きにして、やわらかくなってきたら返す。(写真6〜8)

3 ズッキーニを焼く、調味する

なすに焼き色がついたら、ズッキーニを加えて焼き色がつくまで焼く。めんつゆを回しかけ、軽く炒めて調味する。(写真9〜10)
※ズッキーニは火の通りが早いので時間差で加え、焼き加減が合うようにします。

4 盛りつける

器に盛り、長ねぎのみじん切りをのせる。

調理時間:15分

材料 2〜4人分

なす……2本
ズッキーニ……1本
長ねぎ……1/4本
めんつゆ(3倍濃縮)……大さじ1と1/2
サラダ油……大さじ1

つまみ①
れんこんのきんぴら

「きんぴらも常備菜として、いつも冷蔵庫に入っていました。このきんぴらはシンプルにれんこんのみ。簡単なので、つまみとしてちょっと何か欲しいときにも、すぐにできておすすめですよ」

男のこだわり

1 炒める＋煮る　この2段階でうまい味を含ませる

れんこんは炒めてから煮ることで、味の含みがよくなります。子供も食べるなら、赤唐辛子の量は加減してください。

2 水にさらす手間を惜しんではいけない

れんこんはアクが強いので、必ず水に4〜5分さらしてから炒めます。もし時間がなければ酢水に1〜2分さらすだけでもいいでしょう。炒める前にはペーパータオルで水けをよくふいて。

1 れんこんを切る

れんこんはピーラーで皮をむき、縦半分に切って端から薄い半月切りにする。水に4〜5分さらし、ざるに上げて水けをきり、さらにペーパータオルでよくふく。Aは混ぜ合わせる。（写真1〜7）

2 炒め煮にする

フライパンにごま油を熱し、赤唐辛子を炒める。香りが立ったら、れんこんを加えて炒める。（写真8）

3 調味して盛りつける

2のれんこんが透き通ってきたらAを回しかけ、汁けをとばすように強火で炒め煮にして味を含め、器に盛る。（写真9〜10）

調理時間：10分

材料 2〜4人分

れんこん……200g
赤唐辛子の小口切り
　……1/2本分
A ┃ しょうゆ、みりん
　┃ 　……各大さじ1
　┃ 砂糖……小さじ1
ごま油……大さじ1/2

つまみ②
たぬき奴

「これは、ある居酒屋で出会った料理。好みの味だったので、それ以来、冷や奴はこのスタイルになりました。豆腐のやわらかさに、きゅうりやみょうがなどの薬味の食感がよく合います。揚げ玉もいい仕事をしてくれて、酒のあてにもなる一品です」

男のこだわり

1 豆腐の水きり、これはすごく大事です

時間がなければほかの調理をしているついででもいいので、豆腐をペーパータオルに包んで水きりしましょう。どんな料理に使うときも、これをちゃんとやるかやらないかで味は全然変わります。豆腐の水分が多いと水っぽくなり、味がボケるからです。

2 揚げ玉は使える「調味料」です

特にサッとつまみを作りたいとき力を発揮する揚げ玉。保存もきくので買って損のない、頼れるアイテムだと思います。味も違いがあるのでいろいろ試してマイ揚げ玉を見つけてください。

1 薬味を切る

豆腐はペーパータオルに包んで1時間ほど水きりする。わさびはすりおろす。きゅうりはみじん切りに、みょうがは縦半分に切ってせん切りに、青ねぎは小口切りにする。(写真1〜6)

2 盛りつける

器に豆腐を大きめにくずしながら盛り、1と揚げ玉をのせ、食べる直前に、好みの量のめんつゆをかける。好みでわさびを添える。(写真7〜10)

調理時間：10分
（豆腐の水きりの時間は別）

材料 2人分
絹ごし豆腐……1丁
きゅうり……1/2本 (50g)
みょうが……1個
青ねぎ……2本
揚げ玉……大さじ3
めんつゆ (3倍濃縮)……適量
わさび (市販のチューブでもよい)……適宜

汁物
豚汁

「豚汁は子供の頃から大好きでした。僕の豚汁は赤みそをたっぷり入れるのが定番。だし汁を使わなくても、赤みそや具材のうまみで充分おいしいですよ。赤みそは見た目より塩分も少ないので、なじみがない方もぜひ試してみてください。白いご飯が進む味です」

男のこだわり

1 豚肉→根菜の順に炒める
うまみを引き出すため、豚肉と根菜は炒めてから煮ます。まずは豚肉を炒め、次に火の通りにくい根菜類を炒めると、豚肉の脂が根菜になじんで味がよくなります。

2 切るときは野菜→肉の順番
家庭では肉にも野菜にも同じ包丁を使う場合が多いから、肉の脂やにおいが野菜につかないように、先に野菜から切るのが鉄則です。

材料 4人分

豚ばら薄切り肉……100g
塩……少々
ごぼう……15cm(50g)
大根……4cm(150g)
にんじん……1/3本(40g)
玉ねぎ……1/4個(50g)
みつば……適量
水……カップ3と1/2(700ml)
A ┃ 八丁みそ……大さじ3
　 ┃ みりん……大さじ1
ごま油……大さじ1
七味唐辛子……適宜

1 具材を切る

ごぼうはたわしで洗って皮をこそげ、5mm幅の斜め切りにして水に5分ほどさらす。にんじんは皮をむいて5mm幅の輪切りに、大根は皮をむき、5mm幅のいちょう切りにする。玉ねぎは横1cm幅に切り、みつばはざく切りにする。豚肉は一口大に切って塩をふり、よくもんで下味をつける。(写真1〜8)

2 炒めて煮る

鍋にごま油を熱して、豚肉を強火で炒める。豚肉の色が変わったら、にんじん、大根、ごぼうを加えて炒める。油がまわったら分量の水を注ぎ、沸いたら火を弱めてアクを取りながら10分ほど煮込む。(写真9〜11)

3 玉ねぎとみそを加える

野菜がやわらかくなってきたら、玉ねぎを加えて一煮し、Aを加える。(写真12〜14)

4 盛りつける

器に盛ってみつばをのせ、好みで七味唐辛子をふる。

調理時間：40分

栗原心平（くりはら・しんぺい）

料理家。1978年生まれ。料理家・栗原はるみの長男。（株）ゆとりの空間の代表取締役専務として会社の経営に携わる。一方、幼い頃から得意だった料理の腕を活かし、自身も料理家としてテレビや雑誌などを中心に活躍。仕事で訪れる全国各地のおいしい料理やお酒をヒントに、ごはんのおかずやおつまみにもなるレシピを提案している。2012年8月より料理番組「男子ごはん」（テレビ東京系列）にレギュラー出演中。著書に『男子ごはんの本』（共著・第5弾〜第8弾／MCO発行・KADOKAWA発売）などがある。

ブックデザイン	島田利之（sheets-design）
撮影	竹内章雄
スタイリング	鈴石真紀子
構成	内田いつ子
調理補助	有村沙織

講談社のお料理BOOK

栗原心平の とっておき「パパごはん」

2017年4月26日　第1刷発行

著者	栗原心平
発行者	鈴木 哲
発行所	株式会社 講談社
	〒112-8001　東京都文京区音羽2-12-21
	電話（編集）03-5395-3527
	（販売）03-5395-3606
	（業務）03-5395-3615
印刷所	凸版印刷株式会社
製本所	株式会社若林製本工場

定価はカバーに表示してあります。
落丁本・乱丁本は、購入書店名を明記のうえ、小社業務あてにお送りください。
送料小社負担にてお取り替えいたします。
なお、この本についてのお問い合わせは、生活文化部 第一あてにお願いいたします。
本書のコピー、スキャン、デジタル化等の無断複製は著作権法上での例外を除き禁じられています。
本書を代行業者等の第三者に依頼してスキャンやデジタル化することは、
たとえ個人や家庭内の利用でも著作権法違反です。
©Shinpei Kurihara 2017, Printed in Japan
ISBN978-4-06-299689-1